障がい者スポーツ大百科 ②

いろいろな競技を見てみよう

大熊廣明／監修
こどもくらぶ／編

はじめに

　2020年に開催される東京オリンピック・パラリンピックの成功に向けて、東京都は、「Be The HERO」と名付けた映像をつくりました。障がいの有無にかかわらずスポーツを楽しむこと、障がい者スポーツの魅力と感動の輪を広げようという目的で制作されたこの映像は、「アスリートだけではなく、応援する人もふくめ、スポーツをささえる一人ひとりがヒーローだ」というメッセージを伝えるものです。

　登場するスポーツは、車いすテニス、5人制サッカー（ブラインドサッカー）、陸上、ゴールボール、ウィルチェアーラグビーの5つ。それぞれの選手たちがプレーする姿を映像で魅力的に伝えています。さらに映像には、日本を代表する5人の漫画家がそれぞれのスポーツの絵をかき、ミュージシャンが曲を手がけ、声優が音声解説版の解説を担当しています。みな「すべての人をヒーローに」というよびかけに、手をあげ、協力したのです。

　障がいというハンディキャップをばねに、だれも通ったことのないきびしい道を進む選手たちは、障がいを克服するだけでなく、記録に挑戦すべくさらに壁をのりこえていきます。そうした選手たちのすがたが、見る人に感動をあたえ、勇気をあたえ、希望をあたえます。そして、選手を応援し、ささえるサポーターたちも、選手に勇気と力をあたえます。「すべての人をヒーローに」というメッセージは、たがいをはげましささえあう、ということでもあるのです。

★

　このシリーズは、障がい者スポーツについて4巻にわけて、さまざまな角度からかんがえようとする本です。パラリンピックがいつからはじまったのか？　そもそも障がい者スポーツはどうやって生まれたのか？　どんな競技があり、どんな大会があるのか？　知らないことがたくさんありそうですね。さあ、このシリーズで、障がい者スポーツについてしらべたり、かんがえたりしてみましょう。

　このシリーズは、つぎの4巻で構成されています。
①障がい者スポーツって、なに？
②いろいろな競技を見てみよう
③国際大会と国内大会
④挑戦者たちとささえる人たち

「Be The HERO」に登場する選手たちと、漫画家たちがかいたスポーツの絵。

ウィルチェアーラグビー／日本代表選手（池崎大輔）他　©ちばてつや
ゴールボール／日本代表選手他　©真島ヒロ
車いすテニス／国枝慎吾　©浦沢直樹
陸上競技／高桑早生　©窪之内英策
5人制サッカー／日本代表チーム　©高橋陽一

SUPPORTED BY TOKYO METROPOLITAN GOVERNMENT

もくじ

はじめに……………2
1. 競技としての障がい者スポーツ……………4
2. 歴史と伝統のある競技……………6
3. 迫力満点！車いすスポーツ……………10
4. 多様な種目がある陸上競技……………14
5. 障がいの程度のクラス分けのない競技……………18
6. 視覚をくふうでおぎなう球技……………20
7. 障がいの程度をくふうでおぎなう球技……………22
8. 障がいの有無に関係なく楽しめる球技……………24

もっと知りたい！
日本で生まれたバリアフリースポーツ……………25

9. 冬におこなわれるウィンター競技……………26

もっと知りたい！
競技によってこんなにちがう車いす！……………28

資料 この本に登場した競技と団体リスト……………30
さくいん……………31

1 競技としての障がい者スポーツ

障がい者スポーツは、もともとはリハビリを目的として生まれました。発展するにつれて、リハビリとしておこなう以外に、記録をきそいあう競技としてもおこなわれるようになってきました。

用具やルールのくふう

障がいのある人がおこなうスポーツは、ほとんどの場合、一般の競技とおなじようにおこなわれます。しかし、一般のルールや用具をそのまま使うと、障がいがあるためにできないことがあったり、事故の心配があったり、障がいをさらに悪くするおそれがあったりします。そのため、ルールを一部変更したり、用具をくふうするなどして、だれもが楽しく安全におこなえるようにしています。

シッティングバレーボール（→P24）は下肢に障がいがある人でもバレーボールができるように、一般のバレーボールよりもネットの高さを低くして、コートもせまくしている。

バトンを持つことができない選手もいるので、陸上のリレー競技では、バトンのかわりに規定エリア内でからだにタッチすることでパスをおこなう。リオパラリンピックの男子400mリレー決勝で、第3走者の多川知希選手（左）にタッチする第2走者の佐藤圭太選手。

視覚障がいの選手の水泳競技では「タッピング」といって、ターンやゴールの直前にコーチたちがプールの上から選手の頭や背中を棒でタッチして、「壁がせまっている」という合図を送る。

競技の公平性をたもつ「クラス分け」

障がいのあるスポーツ選手が参加する競技会では、障がいの種類や程度によって、選手を分けて競技をおこないます。障がいの重い人と軽い人がおなじ競技に出場すると、実力に関係なく勝敗が決まってしまう場合があるからです。

障がいの種類や程度がほぼおなじ選手を集めて競技をおこなうことを「クラス分け（障がい区分）」といいます。原則としてクラスを持っていなければ、競技大会に出場し、記録を公認されることはありません。

クラス分けは、それぞれのスポーツ大会によって決められたルールにしたがっておこなわれています。また、スポーツごとに必要とされる身体機能や技術はさまざまであるため、クラス分けの規則も競技ごとにことなります。選手のクラス分けは、専門知識をもつ「クラシファイヤー」とよばれる判定員が2〜3名で判定をします。

パラサイクリングは、障がいの種類と使用する自転車により4つのクラスに分けられ、さらに障がいの程度により合計13のクラスに分類される。写真は北京パラリンピックの男子個人ロードレースの「まひなどの重い四肢障がいのある選手が参加する三輪自転車を使うクラス」で走る小川睦彦選手。

合計点数内でチーム編成する「ポイント制度」

車いすバスケットボールなどでは、ポイント制度をもちいて、障がいの程度がことなる選手がチームを組んでたたかうことをルールとしてもうけています。各選手に「持ち点」をあたえ、試合中にコート上にいる選手の合計点が決まった点数以下になるように定められています。

障がいの軽い選手ほど持ち点は大きくなるので、障がいの重い選手も出場しないと、合計点以内におさまらない。

「クラス分け」の意義

障がい者スポーツに「クラス分け」が取りいれられたのは、1948年から。はじめは、障がいの原因となった疾患名を基準とした「医学的クラス分け」だった。その後、選手にのこされた身体機能を基準にした「機能的クラス分け」が取りいれられ、さらに現在では、医学的な運動機能の評価と、競技における技術的な評価を総合して判定するクラス分けが実施されている。「クラス分け」の目的は、選手の運動機能や能力を評価し、障がいの程度をほぼおなじグループに分けることで、運動能力を平等化してきそうこと。そのために、つねに研究が進められ、改善がつづけられている。

2 歴史と伝統のある競技

障がい者スポーツの世界は、発展するにつれてさまざまな競技がおこなわれるようになってきました。ローマで開かれた第1回パラリンピックから公式種目となっている競技は、一般のルールに少しのくふうをすることで障がいのある人もプレイできるようになっています。

障がい者スポーツの先駆け
アーチェリー

　アーチェリーは、はなれた的にむかって弓で矢を放ち、当たった場所による得点をきそいあう競技です。「パラリンピックの父」ともよばれるルートヴィッヒ・グットマン博士（→1巻）は、車いす使用者のリハビリを目的としたスポーツのひとつとしてアーチェリーを取りいれました。パラリンピックの祖ともいえる「ストーク・マンデビル競技大会」（1948年）は、アーチェリーの競技会として開かれたものです。

　アーチェリーは障がいのある人とない人がほぼおなじルールできそえる数少ないスポーツのひとつでもあります。じっさい、1984年のロサンゼルスオリンピックではニュージーランドのネロリ・フェアホール選手が、1996年のアトランタオリンピックではイタリアのパオラ・ファンタート選手がそれぞれ出場しています。

的になる円の中心に近いほうが高得点となり、得られた合計点で勝敗を分ける。

ルール
　一般的な競技ルールとほぼおなじだが、使用する弓には、一般と同じリカーブボウと、力が弱くても引ける滑車つきのコンパウンドボウの2種類がある（下写真）。障がいの種類や程度に応じて、一部規則を変更したり、用具をくふうしておこなうことがみとめられている。自分で矢を弓につがえることのできない場合には、介助者が選手のかわりに矢をつがえることも可能だ。

一般的なリカーブボウ。

先端に滑車のついたコンパウンドボウ。

クラス分け
　上肢（手や腕）にも障がいのある車いす使用選手（W1）と、下肢障がいのために車いすを使用する選手（W2）、立つかいすにすわって競技をする選手（ST）という3つのクラス分けがあり、「W1」クラスと「W2」「ST」クラスのふたつのグループに分かれておこなう。W1クラスでは、障がいの種類や程度によって、弓を引くための用具を使ってもいいことになっている。

腕に障がいがあり、弓を引くことのできない選手は、口で弓を引けるように改良をしている。

一般の卓球では、台に手をつくと失点になるが、車いす卓球では、態勢をととのえるために打ったあとに手をつくことはみとめられている。写真は北京パラリンピックの男子シングルス予選でドイツ選手と対戦する吉田信一選手（クラス3）。

用具やネットの高さも健常者とかわらない卓球

　障がい者スポーツの卓球は、「サウンドテーブルテニス」（→P21）と「パラ卓球」とに分けられます。パラ卓球は、基本的には健常者の競技とおなじです。ただし車いす使用者についてはルールがくわえられます。サービスが相手方のエンドライン（卓球台のはしに引いてあるネットに平行な線）をこえなければならず、そうでないサービスはやりなおしとなります。車いすでは横方向への移動が困難だからです。

ルールの考え方

IPC（国際パラリンピック委員会）では、「障がいが理由で実現できないことは、ルール違反ではない」としている。それぞれの選手にルールの例外をもうけていて、それは競技の公平性をたもつのに必要なことと考えられている。たとえば卓球での車いす使用選手への例外ルールや、障がいによって正規のトスが困難な選手への特別にみとめられたルールなどは、その一例といえる。

ルール

一般の競技ルールにしたがっておこなわれるが、障がいの種類や程度によって一部を変更。たとえば、一般のダブルスでは選手が交互にボールを打たなければならないが、車いす使用選手は交互でなくてもよい。そのほか、障がいによってトス（サービスのときにボールを投げあげること）がむずかしい選手は、一度自分のコートにボールを落としてからサーブすることがみとめられている。

クラス分け

車いす使用選手（クラス1〜5）、立って競技できる選手（クラス6〜10）、知的障がいの選手（クラス11）が、障がいの種類や程度、運動機能によってクラス分けされ、男女別に個人戦と団体戦をたたかう。

男子競泳の鈴木孝幸選手は、生まれつき両足と右手が欠損しているが、のこされた手をうまく使い、バランスをたもって泳ぐ。鈴木選手のクラスはS5、SB3、SM4。写真は2008年北京パラリンピックの男子150m個人メドレーで銅メダルを獲得したときの泳ぎ。

「ルールの例外」がもうけられる水泳

水泳では、原則として一般の競技ルールにしたがっていますが、それぞれの選手にルールの例外がもうけられています。下肢などの障がいによって飛びこみでのスタートがむずかしい選手には、水中からのスタートがみとめられています。また、視覚に障がいのある選手は、ターンやゴールのときに壁にぶつかるとけがをしてしまうので、コーチが棒で選手のからだにふれて合図をすることや、リレーで次の選手にタッチして引きつぎの合図を出してもよいことになっています（→P4）。

水中からスタートする選手。

ルール 基本的には一般のルールとおなじだが、選手によって「ルールの例外」をもうけている（本文参照）。

クラス分け 障がいの種類（肢体不自由：クラス1～10、視覚障がい：クラス11～13、知的障がい：クラス14）と泳ぎ方（S：自由形・背泳ぎ・バタフライ、SB：平泳ぎ、SM：メドレー）によって分けられている。

上半身だけでたたかう 車いすフェンシング

フェンシングは、片手に持った細長い剣で相手を突いたりして、得点をきそう競技です。車いすフェンシングでは、おたがいの腕の長さにおうじて対戦距離を決め、ピストとよばれる台に車いすを固定して、上半身のみで競技をおこないます。使用する剣やユニフォーム、マスクなどは一般の競技とおなじです。

すわった姿勢でおこなうため、脚を使ったフットワークによるかけひきを使うことができない。その分、剣さばきの技術とスピードが勝負を分ける。　撮影：清水一二

対戦相手との距離は、剣先をのばして腕が短い選手にあわせて調整する。

ルール　一般のものとほぼおなじだが、車いすからおしりがうくと反則になるなど、独特のルールもある。

クラス分け　障がいの程度によってクラスA（下肢のささえがなくてもバランスよくすわれる＝腹筋がある選手）とクラスB（すわったときのバランスがとれない＝腹筋がない選手）に分かれる。種目としては、フルーレ（胴体のみの突き）・エペ（上半身の突き）・サーブル（上半身の突きと斬り）の個人戦・団体戦が男女ともにおこなわれる。

3 迫力満点！車いすスポーツ

車いすを使用する人がおこなうスポーツには、おどろくほどスピード感と迫力のあるものが多くあります。きたえた上半身を使ってすばやく車いすをあやつり、コートのなかを走りまわり、ときには相手選手とぶつかりあったりします。

そのスピード感とはげしさ！
車いすバスケットボール

車いすバスケットボールは第1回パラリンピックから公式種目となっていて、障がいがある人のボールスポーツのなかでも人気の高い競技です。コートの大きさやゴールの高さ、ボールの大きさなどは一般の競技とおなじです。車いすの特性を考慮して、ボールを持った状態で2回まで車いすをこぐことができます。

ルール 基本的なルールはおなじだが、ダブルドリブル（ドリブルを一度やめてから、ふたたびドリブルすること）は反則をとられない。また、トラベリング（ボールをもったまま3歩以上歩くこと）の反則は、ボールをもったまま3プッシュする（こぐ）ととられる。

クラス分け 車いすバスケットボールの参加選手は、下肢に障がいがある。いくつかのチェック項目があり、障がいのもっとも重い選手は1.0、もっとも軽い選手は4.5として、0.5刻みで選手を8つのクラスに分ける。そしてコートに立つ5人の選手の持点の合計が14点以下でなければばらない。

健常者競技者

これまで車いすバスケットボールは障がい者のみでおこなわれてきたが、近年、健常者の競技者がふえてきているという。健常者のみのチームが結成されたり、障がい者のチームに健常者が競技者として加入するケースがみられるようになってきている。こうしたなかで、車いすバスケットボールの大会においても、健常者が参加できるものもふえている。健常者の持ち点のあり方や、大会への参加方法など、ともにプレイできる方向に向けて議論が進んでいる。

車いすバスケットボールでは、車いすを自在にあやつり、ドリブルをし、シュートをする。写真は日本チームのポイントゲッターをつとめる藤本怜央選手（持ち点4.5）がシュートを決めるところ。

ときにはゴール下のはげしいせりあいで、たおされることもある。

たおれそうになりながらもシュートを放つ、女子車いすバスケットボールの網本麻里選手。

下のゴールに円内からシュートする選手は赤いはちまき、円外からの選手は白いはちまきをつけてプレイする。上のゴールにシュートする選手はなにもつけない。

日本で考案された、車いすツインバスケットボール

車いすツインバスケットボールは、両手両足に障がいのある人でも参加できるように考案されたスポーツです。従来の車いすバスケットボールに使用されているゴール（高さ3.05m）のほかに、もうひとつフリースローサークルの中央に低い位置のゴール（高さ1.20m）をおき、正規のゴールにシュートがとどかない選手のためのゴールとしました。さらに低いゴールの周囲には3.6mの円がかかれています。シュートする選手を円内と円外に区別することで、それぞれの選手が障がいにおうじて、ことなるシュート方法で参加できるようにしたのです。

ルール 車いすバスケットボールとほとんどかわりはないが、個人の機能レベルによってシュート区分が3種類（上ゴール、下ゴールで円外、下ゴールで円内）あり、決められた区分でシュートしなければならない。また、一部ルールの制限時間にちがいがある。

クラス分け 車いすバスケットボールとおなじように、障がいの程度によって個人に1.0～4.5点の持ち点をつけ、コートでプレイする5人の持ち点の合計が11.5点をこえないように選手の構成をする。コートでプレイする個人の持ち点が4.0点以上の選手ふたりを同時にプレイさせることはできない。

ぶつかりあって勝負する
ウィルチェアーラグビー

ウィルチェアーラグビーは、ラグビーとバスケットボールをあわせたようなルールで、バレーボールのような専用球を使用し、バスケットボールのコートでおこなわれます。ボールは、投げる・打つ・ドリブル・転がすなど、けること以外の方法で運ぶことができます。一度にコート上でプレーできるのは4人です。

車いすでのタックルで、相手の攻撃や防御を阻止することがみとめられています。ただし、相手選手にふれると反則です。

ルール 一般のラグビーとことなり、ボールを前に投げてもよいことになっているが、ボールを受けた選手は10秒以内にパスかドリブルをしなければならない。

クラス分け 車いすバスケットボール（→P10）とおなじように持ち点制が採用されていて、障がいの程度に関係なくいっしょに試合に参加できる。0.5～3.5点の持ち点が、障がいの重いほうから0.5点刻みの7段階に分けられて各選手にあたえられる。コート上でプレイする4人の持ち点の合計が8.0点以下になるようにしなければならない。ただし女性選手がくわわる場合、女性選手1名につき持ち点の合計から0.5点マイナスされる。

はげしいディフェンスを受けながら突進する日本代表の乗松聖矢選手（持ち点1.5）。

チームスポーツ

ウィルチェアーラグビーは、四肢に障がいのある人たちがチームスポーツをおこなう機会を得るために考案され、広く普及したスポーツだ。試合では、障がいの軽い選手がボールをうばいあい、車いすをたくみに操作して得点をあげる一方、障がいの重い選手が車いすを使って相手の守備陣をブロックし、ゴールへの道をつくる役目をになっている。障がいが軽い選手と重い選手がそれぞれの役割をになうことで、チームを機能させられるように考えられているのだ。

ディフェンスをかわしていく池崎大輔選手（持ち点3.0）。車いすどうしがはげしくぶつかりあうことから、海外では「マーダーボール（殺人ボール）」とまでよばれている。

日本初のプロの車いすテニス選手となった国枝慎吾選手。11歳から車いすテニスをはじめ、いまでは世界的なテニスプレイヤーとして活躍している。

女子ダブルスでペアを組む二條実穂選手（手前）と上地結衣選手。上半身だけでの力強いうごきは、きたえあげた筋力のたまもの。

車いすの操作能力もみがく
車いすテニス

　車いすテニスは、一般のテニスとおなじ大きさのコート、おなじ高さのネットでおこなわれます。ルールもほぼおなじですが、ツーバウンドでボールを返すことがみとめられているなど、ルールを一部変更しています。
　車いすバスケットボールやウィルチェアーラグビーと同様、競技技術はもとより、車いすの操作能力ももとめられます。多くの選手が、よりよい回転性能や敏捷性が得られるような専用の車いすを使用しています（→P29）。

ルール　サーブは止まったまま打っても、1回だけ車いすをプッシュして打ってもよいとされている。車いすからおしりをうかすこと、フットサポート（足をおくところ）から足をはなすことは禁止されている。

クラス分け　パラリンピックでは、下肢に障がいがあり、車いすを使用する選手が参加する、クラス分けをしない男女別のシングルス・ダブルスがおこなわれている。2004年のアテネパラリンピックからは、上肢にも障がいがあるクァードクラス（男女混合）のシングルス・ダブルスもおこなわれるようになった。クァードクラスでは、ラケットと手をテーピングで固定することがみとめられている。

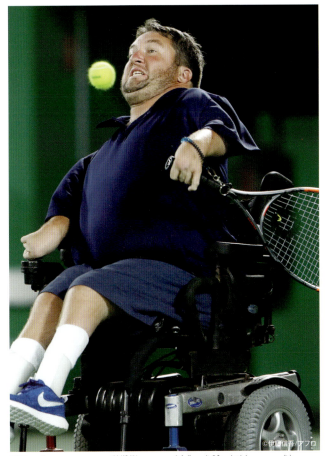

条件を満たしていれば、電動車いすでの競技も可能。写真は2016年リオパラリンピックのクァードクラスに出場するアメリカのニック・テーラー選手。ダブルスで銀メダルを獲得した。

④ 多様な種目がある陸上競技

陸上競技は一般のスポーツとしても長い歴史がありますが、障がい者スポーツのなかでもはやくからおこなわれていた競技のひとつです。さまざまな種目があり、パラリンピックでもさまざまな障がいをもった人たちがそれぞれの種目できそいあっています。

あらゆる障がいにおうじた種目がある陸上競技

陸上競技は、100m走やリレーなどの走る速さをきそうトラック競技、砲丸投げや走り高跳びなどトラックの内側でおこなわれるフィールド競技、マラソンのように競技場外のコースを走るロードレースに分かれます。はじめは短い距離のトラック競技のみおこなわれていましたが、しだいに種目がふえ、現在パラリンピックで実施される種目は、オリンピックとほぼおなじになっています。

ルール 一般的なルールと大きなちがいはないが、障がいによってできないことや、けがをしてしまうおそれや、それによっていまある障がいを悪化させるおそれなどを考慮して、一部ルールを変更したり、用具をくふうしたりしている。

クラス分け 障がいの種類や程度、運動機能におうじたクラスに分けられる。パラリンピックでは、視覚障がい者、知的障がい者、脳性まひ者、切断や機能障がいのある者、切断や機能障がいなどの車いす使用者という5つの障がい別に分けられ、さらに、それぞれの障がいの程度におうじて男女別のクラスに分かれて競技する。

■クラス分け「T53」の意味

① ② ③

① **競技種類** Tはトラック競技（走る競技や跳ぶ競技）を意味し、Fはフィールド競技（投てきなど）を意味する。
② **障がいの種類** 10番台：視覚に障がいのある立位競技者／20番台：知的に障がいのある立位競技者／30番台：脳性まひのある立位競技者および車いすなどを使用する競技者／40番台：低伸長、切断、筋力低下などの障がいのある立位競技者／50番台：頸髄損傷・脊髄損傷・切断・機能障がいなどで車いすを使用する競技者／60番台：聴覚に障がいのある立位競技者（国際大会では参加資格がない）。
③ **障がいの程度** 障がいの程度におうじて0～9の番号がわりあてられる。番号が小さいほど障がいの程度が重くなる。

●陸上競技のクラス分けの例

競技種目の種類

競技	種目
走る競技（T）	100m、200m、400m、800m、1500m、5000m、4×100mリレー、4×400mリレー、マラソン
跳ぶ競技（T）	走り高跳び、走り幅跳び、三段跳び
投てき競技（T）	砲丸投げ、円盤投げ、やり投げ、こん棒投げ

障がいの状態によるクラス分け

障がい	運動機能障がいの種類／競技形式	クラス数	おもな特徴	クラス
視覚障がい	—	3	クラスによっては、ガイドランナーやコーラー、ガイドと競技をおこなう。	T11～13
知的障がい	—	1	クラスはひとつだが、障がいの特性が個人によって大きくことなり、それに合わせた指導が必要。	T20
運動機能障がい	脳性まひ／車いす	4	手や足などにまひがあり、車いすをもちいて競技をおこなう。	T31～34
運動機能障がい	脳性まひ／立位	4	手や足などにまひがあり、立位で競技をおこなう。	T35～38
運動機能障がい	低伸長症	2	身長発育が特定の条件以下の状況。	T40～41
運動機能障がい	切断・機能障がい／立位	6	上肢や下肢の欠損、または、機能障がいがある。義手義足を使う場合も、立位で競技をおこなう。	T42～47
運動機能障がい	頸髄損傷・脊髄損傷・切断・機能障がい／車いす	4	上下肢または下肢のまひや欠損のため、車いすをもちいて競技をおこなう。	T51～54

リオパラリンピックの男子1500mで銀メダルを獲得した佐藤友祈選手（T52）。「レーサー」とよばれる車いすで、ハンドリムをこいで前に進む。時速30kmをこえるほどのスピードが出る。

➡走り幅跳びに2004年アテネパラリンピックから3大会連続出場している谷（旧姓・佐藤）真海選手（F44）。現在はパラトライアスロンに転向して活躍している。

⬇生まれつき右うでの先がない障がいがありながらハンドボールで活躍し、のちに陸上の短距離に転向した辻沙絵選手（T47）。スタートで手をつくときにバランスをとるため、もう片方のうでと長さをそろえた義手を身につける。走るときにも、うでのふりのバランスがよくなり、より速く走れる。

©ロイター/アフロ

⬆日本初の義足の走り高跳び代表選手として2000年のシドニーパラリンピックから4大会連続入賞した鈴木徹選手（T44）。それまでパラリンピックに出場できた日本人選手は、車いすもしくは視覚障がいクラスの選手にかぎられていた。日本の義足アスリートのパイオニアともいえる。

⬆視覚障がいのある選手の女子マラソン。伴走者がひもをいっしょにもって走る。伴走者は完全に信頼しきっている相手であり、選手より高い走力と的確な判断力がないとつとまらない。2016年リオパラリンピックで銀メダルをとった道下美里選手（T12）と伴走者の堀内規生さん。

一般とおなじ42.195kmの距離を、平均時速20〜30kmほどでかけぬける車いすマラソン。下り坂では時速50kmに達することがあるほどのスピードが出る。2016年現在の男子世界記録は1時間20分14秒。女子は1時間38分32秒（写真の手前にいる土田和歌子選手が出した記録）。一般マラソンの記録は男子2時間2分57秒、女子2時間15分25秒だから、車いすのほうが圧倒的にはやい。

失われた機能をおぎなう、選手のパフォーマンス

● 車いすを使用する選手

　速度をきそう種目では、「レーサー」とよばれる競技用の車いすを使用します（→写真上）。競技レベルが上がるにつれ、選手のからだにあわせてより走りやすいように改良されたオーダーメイドのレーサーが使われるようになってきました。とくに車いすマラソンは、初期のころは一般のマラソン記録におよびませんでしたが、近年は高速化が進んでいます。

　投てき種目では、車いすのかわりに投てき台という専用の台にのりうつる選手もいます。足やおしりなどがうかないようにベルトで固定し、競技をします。

車いすから投てき台に乗りうつり、ベルトを使ってからだを完全に固定する。上半身を大きくひねって円盤を投げる大井利江選手は、車いすクラス（F53）の世界記録保持者（26m62cm）。手の握力がないため、右手の指先のわずかな曲がりに円盤をひっかけて投げる。

● **四肢切断の障がいのある選手**

　四肢切断の障がいのある選手は、自分の障がいと種目にあわせて、最適なかたちにつくった義手や義足を使用します。たとえば、うでを切断して両手の長さがことなる短距離選手は、義手で長さをそろえ、スタートや走っているときのからだのバランスをよくします（→P15）。なかには、義手をつけずにスタート時に台をおいてバランスをとるなど、用具を活用する選手もいます。

　とくに特徴的なのは、下肢を切断した選手がつける義足です。特殊な素材でできた板をまげた形をしていて、地面をけるときの反発力があります。シューズをはかないため、義足のうらにスパイクをつけたものもあります。

　また、機能障がいのある選手のなかには、競技時のからだをサポートするための装具をつける人もいます。機能をうしなった上肢を、走るときにバランスをとりやすいようにひじ関節で固定したり、障がいのある下肢に装具をつけてうごきやすいようにおぎなったりします。

● **視覚に障がいのある選手**

　トラック競技やロードレースでは、単独でも走れる弱視以外の視覚障がいのある選手は、ガイドランナー（伴走者）といっしょに走らなければなりません。ガイドランナーは、選手と輪になったひもをにぎりあっていっしょに走り、まわりの状況や地面のようすなどを声で伝え、選手を誘導します（→P15）。選手をおしたりひっぱったり、極端に選手の前を走ったりするのは禁止です。選手が走るのを助けているとみなされるからです。また、選手より先にゴールしても失格です。

　走り幅跳びなどの跳躍種目や、砲丸投げなどの投てき種目では、「コーラー」とよばれる人が、視覚に障がいのある選手の競技をサポートします。声を出したり手をたたいたりして、ふみきる位置や投げる方向、走り高跳びのバーの高さなどを知らせます。

たがいをライバルとみとめる義足の短距離ランナー、高桑早生選手（T44左）と中西麻耶選手（T44）。特殊なカーボンファイバー製で、板をまげたような形の走行用義足を身につけて走る。

走り幅跳びで視覚障がいの選手に声によってふみきりの位置をおしえる「コーラー」。ことばや手拍子などで指示する。審判をじゃましたり、危険でないかぎり、立つ位置や音声の出し方は自由だ。

5 障がいの程度のクラス分けのない競技

競技によっては、障がいがおなじ種類の選手を対象にした、障がいの程度によるクラス分けのないものもあります。ただし公平にきそいあうために、おなじ程度の体重別にグループをつくります。

わざのかけあいが見どころ「1本」をめざす柔道

パラリンピックの柔道は、視覚に障がいのある選手によっておこなわれる競技です。障がいの程度ではなく、一般とおなじように体重別に男子は7階級、女子は6階級に分けられてたたかいます。競技ルールは一般のものとほぼおなじですが、もっとも大きなちがいは試合開始の方法です。視覚障がい者は相手の位置を目で確認できないため、最初からたがいに相手のえりとそでをもち、組みあった状態で試合をはじめます。

1988年のソウルパラリンピックで公式競技となったときは男子のみの競技でしたが、2004年のアテネパラリンピックからは女子の競技もおこなわれるようになりました。

ルール 試合中に選手がはなれたときには、主審が「まて」と合図して試合開始位置にもどる。全盲（まったく見えないレベルの障がい）の選手は場外がわからないので、全盲選手の試合では基本的に場外はとられない。

クラス分け 障がいの程度によるクラス分けはない。

試合開始のときには、相手のえりとそでをもってからスタートする。ウズベキスタンの選手（左）と対戦する石井亜弧選手（52kg級）。

日本古来の柔道

現在の一般の柔道では、組まれないようにかけひきをしたり、無理にわざをかけずに「指導」や「有効」のポイントをかさねたりするという作戦ももちいられる。しかし視覚障がい者スポーツの柔道は、最初から組んだ状態でおたがいにわざをかけあい、「一本」をとることをめざすため、より日本古来の柔道に近いという声もある。

腕の力だけで190kgを持ちあげるという日本一のパワーリフター、大堂秀樹選手。海外の選手にくらべて障がいの程度が重く、つねにきびしいたたかいを強いられる。リオパラリンピックでは男子88kg級（運動機能障害）に出場した。

健常者の記録をうわまわる？

パワーリフティングは、第二次世界大戦で下肢切断や脊髄損傷を負った兵士を対象に、社会復帰をするためのリハビリテーションの一環として、イギリスの病院で上半身をきたえるためにおこなわれたベンチプレス運動がはじまりだといわれている。下半身の力を使うことができないので、上半身の力だけがたより。おなじ体重なら、下肢に障がいを持つ選手のほうが健常者より上半身の筋肉量が多く、それゆえ障がい者が健常者をうわまわる可能性もあるという。

上半身の力が勝負
パワーリフティング

　パワーリフティングは、下肢に障がいのある人によっておこなわれる競技です。障がいの程度ではなく、体重別に男女各10階級ずつで実施されています。下肢を切断している選手はその分、体重が軽くなるので、切断のはんいや程度におうじて自分の体重に決められた重さが加算されます。

　ウエイトリフティング（重量あげ）と同様にバーベルを両手で持ちあげて、その重さをきそうスポーツですが、パラリンピックではベンチプレスというやり方でおこないます。ベンチプレスというのは、ベンチにあおむけになり、まずはラックからバーベルをはずした状態で静止し、審判の合図とともに胸まで下ろしてふたたびバーベルをおしあげることで1回の試技となります。通常はあしが床についた状態でおこなわれますが、パラリンピックでは専用のベンチプレス台を使用して、あしをふくめて全身が台の上にのった状態できそいます。

ルール　3回目の試技が終わった時点で、もっとも重いバーベルをもちあげた順に順位がつく。試技の判定は3名の審判がおこなう。成功の場合は白旗、失敗の場合は赤旗をあげるが、2名以上が白旗をあげた場合には成功となり、記録がみとめられる。

クラス分け　障がいの程度によるクラス分けはない。

6 視覚をくふうでおぎなう球技

視覚がない・弱いということは、相手選手のうごきやボールのゆくえ、コートの範囲などを目で確認できないということです。しかし、ちょっとしたくふうをすることで、レベルの高い競技をおこなうことができます。

静寂のなかでプレイが進む
ブラインドサッカー

ブラインドサッカーは、視覚に障がいのある選手が参加する5人制のサッカーです。ゴールキーパーと監督、ガイド（コーラー）は晴眼（見えている状態）、または弱視（視力が非常に悪い状態）の人がつとめます。

競技は、フットサルのコートで、フットサルとおなじ大きさのボールを使っておこなわれます。ボールには特殊な鈴が入っていて、ころがると音がなるようになっています。選手は、ボールの音とともに、ゴールのうらから指示を出すガイドや監督、ゴールキーパーの指示の声をたよりにプレイします。また、衝突をさけるため、ボールをうばいにいくときには「ボイ！」（スペイン語で「いく」という意味）と声を出さなければなりません。音が視覚のかわりの情報となるため、プレイ中には声援がなく、静かななかで試合がおこなわれます。

ルール フットサルをもとにして、独特の要素がくわえられている（本文参照）。

クラス分け 障がいの程度によるクラス分けはなく、国際試合でフィールドプレイヤーとして参加できるのは全盲（B1）の選手のみ。国内の試合では全員がアイマスクをつけることで、全盲・弱視・晴眼などの見え方にかかわらず、いっしょにプレイできる。

←全盲といっても、本当に何も見えない人から光を感じられる人までいる。公平にするため、フィールドプレイヤーは全員がアイマスクをつけてプレイする。

↓ボールが外に出てしまわないように、コートの両サイドのライン上には高さ1mのフェンスが立てられている。

まだある、いろいろな球技

●ゴールボール

ゴールボールは、1チーム3人で、アイシェード（目かくし用のゴーグル）をしながら鈴の入ったボールをころがし、相手ゴールに入れることで得点するスポーツ。選手たちはボールからきこえる鈴の音や相手選手の足音、うごくときに生じる床のわずかな振動などをたよりに攻守を入れかえて得点をきそう。パラリンピック夏季大会で視覚に障がいのある人を対象にした正式種目（球技）になっている。

視力の差による有利不利をなくすため、選手は全員がアイシェードをつける。

持っている能力を引き出す

障がい者スポーツには、一般のスポーツの修正版だけでなく、障がいのある人のために考案された独自のスポーツがある。ここで紹介した3つの球技は、視力に障がいを受けたことによってのこされた聴覚能力を最大限に活用し、身体能力を維持・増進させるように考えられたものだ。

●ブラインドテニス

ブラインドテニスは、ボールをころがすのではなく、一般のテニスとおなじようにバウンドさせて打ちあう。目が見えなくても空中のボールを打ちたいと、視覚障がいのある高校生が考案し、1990年に誕生した日本発祥の競技だ。バドミントンとおなじ大きさのコートに、テニス用のラインを引いておこなう。ボールはスポンジ製で、なかにサウンドテーブルテニスのボールが入っている。

●サウンドテーブルテニス

サウンドテーブルテニスの最大の特徴は、球をころがして打ちあうこと。使用する球は一般の卓球とおなじ4cmの大きさのピンポン球だが、なかに4個の小さい金属球が入っている。ラケットにはラバーをはらずに木の板のまま使用し、打つときの音ところがるときの音をたよりにプレイする。視力の差による有利不利をなくすため、選手は全員がアイマスクをつける。

ラケットは一般のものより短い、ショートテニス用や子ども用のラケットを使う。ボールに回転をかけて空中を飛ぶボールの音を消すなど、高度な技術を身につけた選手もいる。

卓球台の大きさは一般のものとおなじだが、球が飛びだしてしまわないように、まわりに高さ1.5cmのわくがついている。中央にはられているネットは、下を球が通るため、台から4.2cmうかせてある。

7 障がいの程度をくふうでおぎなう球技

スポーツは、はげしくからだをうごかすものが多いです。しかし、からだをあまりうごかさなくても、「技術の高さをきそう」というスポーツの楽しさを味わうことはできます。

↑介助者は選手の指示にしたがって、ランプとよばれる投球補用具の角度や高さ、位置などを調節する。

←かんたんそうに見えるが、相手の二手、三手を読む必要がある、とても頭をつかうスポーツだ。

重い障がいがあっても挑戦できるボッチャ

「ボッチャ」は、イタリア語でボールのことです。重度の機能障がいがある人のためにヨーロッパで考案された競技で、冬のスポーツであるカーリングににています。最初に投げたジャックボール（目標球）とよばれる白いボールに、赤と青の6球ずつのボールを交互に投げたりころがしたりして、どれだけ近づけるかをきそいます。

障がいのために自分でボールを投げられない選手は、足でけったり、介助者とともにランプとよばれる補助具を使ってボールをころがしたりできます。そのため、ほぼ全身がうごかせなくても、指や口にくわえた棒でボールをおしだしたり、目線などで意思を伝えられたりできれば、ボッチャに参加できます。

ルール 介助者はコートやボールを見ることができず、選手に話しかけたり合図を送ったりすることも禁止されている。

クラス分け 男女の区別なく1対1の個人戦、2対2のペア戦、3対3の団体戦があり、障がいの程度によってBC1〜4とオープンの5つのクラスに分かれる。オープン以外の4クラスがパラリンピックなどの国際大会対象クラス。

車いすどうしがはげしくぶつかりあったり、すばやくうごいてボールを追いかけたりといった迫力あるプレイが魅力。ただし安全のため、速度は時速10km以下と定められている。

コントローラーをあやつる
電動車いすサッカー

電動車いすサッカーは、電動車いすの前面に足のかわりとなるフットガードをとりつけておこなうサッカーです。男女混合で１チーム４人の選手たちが、バスケットボールコートとおなじ大きさのコートで、直径約33cmという大きいボールを使用します。

電動車いす使用者には重い障がいを持つ選手が多く、なかには車いすを操作するコントローラーをうごかすのがやっとという人もいます。しかし選手たちは、手や足、口、あごなどうごく部分を使い、コントローラーをたくみにあやつって、コート内を自由にうごきまわります。

障がいが重い人にもスポーツを

「電動車いすサッカー」は、重度の障がいを持つ人たちが楽しめるスポーツを、ということで考えられたもの。1980年ごろからアメリカとカナダで「パワーサッカー」という名で団体競技としておこなわれた。自分で車いすをうごかすことのできる人のスポーツはたくさんあるが、電動車いすを使わなければ自由に行動できない人にとって、スポーツはほとんど無縁の世界だった。「車いすツインバスケットボール」（→P11）と同様に、ある障がいを持つ人のためのスポーツが拡大、普及していくと、つぎにはより重度の対象者に対してルールや道具などをくふうして発展させていき、新しい競技が生まれるという例のひとつだ。

ルール 基本的にはサッカーやフットサルとにた競技ルールでおこなうが、自陣ゴール前で守備をするときは、ゴールエリアに３人以上のディフェンスが入ると３パーソンという反則になる。また、ボールにたいして、半径３ｍ以内に各チームとも１人しかプレイに関与してはいけない。

クラス分け おもに姿勢保持や視野確保、運転技能などを判断基準として、国際大会ではPF1とPF2のクラスに分かれる。試合中コート上でプレイできるPF2選手は最大２名まで。

8 障がいの有無に関係なく楽しめる球技

障がい者スポーツは、公平にするために障がいの種類や程度によってクラス分けをしているものがほとんどです。しかし、なかには障がいの種類はもちろん、障がいの有無ですら関係なく、だれもがいっしょに楽しめる競技もあります。

すわっておこなうシッティングバレーボール

シッティングバレーボールは、床におしりをつけた状態でプレイする6人制のバレーボールです。一般のバレーボール球を使い、通常のバレーボールコートよりもせまいコートでおこないます。すわったままブロックやスパイクなどをするため、ネットの高さはかなり低くなっています。

パラリンピックには下肢に障がいのある選手しか参加できませんが、シッティングバレーは健常者と障がい者がおなじチームの一員として楽しむことができる競技です。健常者であっても、つねに床にすわった状態でプレイするという条件はかわらないからです。国内大会では、障がい者と健常者の混合チームの参加もみとめられています。

ルール 競技ルールは一般のバレーボールとほぼおなじだが、サーブでブロックをしてもよい点がことなっている。また、サーブ、ブロック、スパイクなどボールを打つときには、つねに床におしりがついていなければいけない。ただし、レシーブのときだけは、一瞬だけ床からはなれてもよい。

クラス分け 障がいの程度、種類によるクラス分けはない。

シッティングバレーボールの練習にはげむ選手たち。

日本で生まれた バリアフリー*・スポーツ

ブラインドテニス（→P21）のように、障がいの種類も程度もさまざまな人たちがいっしょに参加できる日本生まれのスポーツがあります。

ハンドサッカー

ハンドサッカーは、東京都の肢体不自由特別支援学校が「クラスのみんなでいっしょにできるチームスポーツを」という思いから、教師たちが話しあい、つくりあげた競技。

基本的には手でパスやシュートをおこない、ゴール数をきそう。障がいのために手の使用がむずかしい場合は足を使ってもよく、ボールのキャッチがむずかしければ、からだや車いすにボールがふれた時点でボールを持てるなど、柔軟なルールになっている。

ハンドサッカーの試合は、両チームの車いすプレイヤーのあいだでバウンドさせたボールを取りあうバウンズボールでスタートする。

ローリングバレーボール

ローリングバレーボールは、1977（昭和52）年、兵庫県の播磨養護学校（現在の播磨特別支援学校）につとめる体育教師が、視覚に障がいがある人のバレーボールを参考にして考案したのがはじまり。

通常のバレーボールコートを使用し、ネットの下にボールをころがして、3打以内で相手コートに打ちかえす。1チームは6人で、前の3人（前衛）は床にすわって、うしろの3人（後衛）は立った状態でプレイする。車いす使用者も参加できるほか、ボールをころがすので力の弱い人でも楽しめるのが特徴。健常者も、後衛にかぎって1チーム2人までは参加できる。

兵庫県神戸市でおこなわれた全国ローリングバレーボール大会（2015年度）のようす。

*バリアフリーの「バリア」は「障壁」を意味する。バリアフリーは、障壁になるものをとりのぞくという考え方。障がい者だけでなく、健常者も高齢者も、だれもが平等にいっしょにプレイするスポーツのこと。

9 冬におこなわれるウィンター競技

冬の障がい者スポーツには、ウィンタースポーツの代表でもあるスキーをはじめ、アイススレッジホッケーや車いすカーリングなど、雪上および氷上での競技がいろいろあります。

雪上をすべり、走るスキー競技

障がい者スキーの競技大会では、アルペンスキーおよびノルディックスキー競技がおこなわれています。それぞれの内容は、下記のとおりです。

①アルペンスキー
男女別、障がい別に滑降、大回転、回転などの種目がおこなわれる。

②クロスカントリースキー
雪上のマラソンといわれている。走法には、スキーを左右交互にすべらせておこなう「クラシカル」と、スケーティングもみとめられていて自由な方法で走行することができる「フリー」の2種類がある。

③バイアスロン
クロスカントリーと射撃を組み合わせた競技。

座位カテゴリーの選手は、2本のスキーにフレームをとりつけたシットスキー（日本ではチェアスキーともいう）にのって競技をおこなう。アルペンスキーの男子滑降で雪けむりをまきあげながら疾走する山口裕二選手（LW11）。

ルール ①②③の競技では、計算タイム制がもちいられている。障がいの程度がちがっても公平な勝負ができるように、各選手に障がいの程度におうじた係数をもうけ、実走タイムにその係数をかけた計算タイムで順位を決定する。

クラス分け 障がいの種類によって立位クラス（立ってすべるLW1～9）、座位クラス（シットスキーですべるLW10～12）、視覚障がいクラス（ガイドと選手がペアを組んですべるB1～3）の3つのカテゴリーに分けられる。

係数というハンデ

パラリンピックのスキー競技では、障がいの程度のことなる複数のクラスの選手が同時に競技をおこなう。そのため、公平にタイムをきそえるように、各選手にはクラスごとに設定されたそれぞれの係数というハンデ（障がいの軽いほうに不利な条件）がわりあてられている。たとえば、視覚障がいの選手のカテゴリーではB1、B2、B3という3つのクラスがあり、B3に属する弱視の選手は100％、B2という弱視より障がいの重い選手は98％、さらに障がいの重いB1の選手は87％という係数がつけられる。3人の選手が100秒の同タイムで完走したとして、各選手の係数をかけると、B1の選手は87秒、B2の選手は98秒、B3の選手は100秒となり、1位はB1の選手となる。

1ピリオドは15分で、3ピリオドをおこなう。
左手前の赤いユニフォームは、ゴールをおびやかす吉川守選手（下の写真も）。

氷上の格闘技
アイススレッジホッケー

　アイススレッジホッケーは、下肢に障がいのある選手がスレッジ（専用のそり）にのって競技するアイスホッケーです。リンクの大きさは一般の競技とおなじですが、選手の持つスティックには、氷をついて進むためのピック（のこぎりのような歯）がついています。一般のアイスホッケーでも「氷上の格闘技」とよばれるほどはげしいぶつかりあいがありますが、アイススレッジホッケーでも体当たりがみとめられていて、試合はおおいにもりあがります。

※2018年からは、名称がパラアイスホッケーになる予定。

ルール　1チームは12人で、6人の選手が氷上でプレイできる。交代はいつでも自由におこなえるため、6人全員が一度に交代することもある。

クラス分け　団体競技だが、持ち点制（→P10）にはなっていない。

スティック
ピック

車いすカーリング

　車いすカーリングは、車いすにのった状態でおこなうカーリング。通常のカーリングとはちがい、助走せずに投球をおこない、ブラシなどを使って氷の表面をはかない。投げたあとの調整ができないので、その分、カーリングよりも車いすカーリングのほうがむずかしいともいわれる。しかし、ルール上は共通点が多く、頭脳戦のしめる割合が大きいので、オープン大会などでは、健常者のチームに挑戦する車いすカーリングのチームが出場し、健闘をみせている。

もっと知りたい！
競技によってこんなにちがう車いす！

おなじ障がいをもち、おなじ補助用具を使う人でも、競技によっては用具の形が大きくことなります。よりその競技をしやすくするため、さまざまなくふうがされているからです。

スポーツ用の車いす

車いすの基本的な形は、背もたれと足おきがあるいすに、前輪と後輪がふたつずつついたものです。移動するときには後輪についている「ハンドリム（車輪をこぐためのリング）」とよばれる輪をにぎり、まわします。スポーツ用の車いすは、日常生活用のものとはことなり、それぞれの競技の特性にあわせて進化しています。

陸上競技用（レーサー） — 風を切って走る！

- フレームは軽くてじょうぶなアルミニウムやチタン、カーボンなどでつくられている。
- こぐときに力を入れやすいように、またからだを安定させられるように、タイヤはハの字型になっている。
- こぐときに、うでを下にふりおろすようにうごかして車輪をまわせるように、ハンドリムが車輪よりもかなり小さくつくられている。
- タイヤは一般的なスポークホイール（軸と輪をつなぐ細い棒があるタイヤ）ではなく、ディスクホイール（円盤型のタイヤ）になっている。
- カーブを曲がりやすくし、走路を微調整するための前輪がついていて、レバーで向きや角度などをかえる。

●一般的な車いす
- 背もたれが高く、からだをささえやすいようになっている。
- ひじおきや介助者がおすためのグリップがついている。
- だれでも使えるよう、すわるところの幅などがゆったりと広くとられている。

↑車いすマラソン（→P16）

ウィルチェアーラグビー用

- タイヤはハの字型にとりつけられ、すばやくうごけるようになっている。
- タックルの衝撃にたえ、ほかの車いすにひっかからないようにするため、タイヤにはカバーがとりつけられている。
- はげしいぶつかりあいから足などを守るため、大きなバンパーがついている。
- 転倒をふせぐためのキャスターがついている。　　バンパー………

←ウィルチェアーラグビー
（→P12）

バンパー

キャスター

↑攻撃型
- 守備をする相手の車いすにひっかからないよう、凹凸が少ない。
- 小まわりがきくよう、コンパクトで丸みをおびた形になっている。

タイヤカバー

はげしく
ぶつかりあう！

←守備型
- 相手のうごきをブロックするため、バンパーが前に飛び出ている。

キャスター

車いすバスケットボール用
- ほかの選手とぶつかることもあるため、足を守り、ほかの車いすにひっかからないようにするバンパーがついている。
- タイヤはハの字型になっていて、急激なダッシュやターン、停止などができるようになっている。
- 前後にはげしくうごいてもたおれないように、キャスターがついている。

スピーディーに
うごかす！

↑車いすバスケットボール（→P10）

車いすテニス用
- 上半身のうごきをさまたげないよう、背もたれが低い。
- タイヤはハの字型になっていて、急なダッシュやすばやいターンが可能になっている。
- バランスをくずしてたおれないよう、キャスターがついている。

キャスター

【資料】この本に登場した競技と団体リスト

競技名	団体名	連絡先
アーチェリー	日本身体障害者アーチェリー連盟	奈良県磯城郡田原本町宮森34-4　奈良心身障害者福祉センター内　0744-33-3393
アイスレッジホッケー（パラアイスホッケー）	日本アイスレッジホッケー協会	東京都港区赤坂1-2-2　日本財団ビル4階　日本財団パラリンピックサポートセンター内　080-8861-5376
ウィルチェアーラグビー	日本ウィルチェアラグビー連盟	埼玉県所沢市中新井1-971-1　04-2943-3565
シッティングバレーボール	日本パラバレーボール協会	東京都台東区東上野3-28-4　上野スカイハイツ204　03-6806-0468
車いすカーリング	日本カーリング協会	東京都渋谷区神南1-1-1　岸記念体育館5階
車いすテニス	日本車いすテニス協会	熊本県荒尾市緑ヶ丘2-5-3-205　080-4275-2775
車いすツインバスケットボール	日本車椅子ツインバスケットボール連盟	愛知県名古屋市守山区川上町27　052-700-1921
車いすバスケットボール	日本車椅子バスケットボール連盟	東京都港区赤坂1-2-2　日本財団ビル4階　日本財団パラリンピックサポートセンター内　03-6229-5434
車いすフェンシング	日本車いすフェンシング協会	京都府京都市左京区下鴨高木町23　小松フォトスタジオ内　075-781-1676　info@jwfa.info
ゴールボール	日本ゴールボール協会	東京都国立市富士見台2-1-1　東京都多摩障害者スポーツセンター内　jgba_1994@hotmail.com　042-573-3811
サウンドテーブルテニス	日本視覚障害者卓球連盟	埼玉県さいたま市見沼区大和田町2-773　048-685-9556　takkyu.-lenmay@tbi.t-com.ne.jp
柔道	日本視覚障害者柔道連盟	東京都文京区春日1-16-30　講道館4階　03-3811-5800
水泳	日本身体障がい者水泳連盟	大阪府大阪市此花区北港白津2-1-46　大阪市舞洲障害者スポーツセンター内　06-6465-8100
	日本知的障害者水泳連盟	東京都江東区東陽2-2-15　東京YMCA社会体育・保育専門学校内　090-5192-4509
スキー競技	日本障害者スキー連盟	東京都港区赤坂1-2-2　日本財団ビル4階　日本財団パラリンピックサポートセンター内　03-6229-5429
卓球	日本肢体不自由者卓球協会	神奈川県横浜市中区本牧三之谷9-12　ヒント102　045-624-2642
	日本知的障がい者卓球連盟	神奈川県横浜市中区本牧三之谷9-12　ヒント102　045-624-2642
	日本ろうあ者卓球協会	千葉県千葉市稲毛区天台2-6-29-507　jdtta@jdtta.com
電動車いすサッカー	日本電動車椅子サッカー協会	東京都港区南青山2-5-17　ポーラ青山ビル6階　（株）ジェイワールドトラベル内　03-3402--3600
パラサイクリング	日本パラサイクリング連盟	静岡県伊豆の国市古奈430-1-1005　055-948-9320
パワーリフティング	日本パラ・パワーリフティング連盟	東京都港区赤坂1-2-2　日本財団ビル4階　日本財団パラリンピックサポートセンター内　03-6229-5423
ハンドサッカー	日本ハンドサッカー協会	handsoccer.jhsa@gmail.com
ブラインドサッカー	日本ブラインドサッカー協会	東京都新宿区百人町1-23-7　新宿酒販会館2階　03-6908-8907
ブラインドテニス	日本ブラインドテニス連盟	兵庫県神戸市灘区備後町4-1-2-201　080-5335-5797
ボッチャ	日本ボッチャ協会（事務局）	東京都港区赤坂1-2-2　日本財団ビル4階　日本財団パラリンピックサポートセンター内　jimukyoku@japan-boccia.net　080-1478-7090
陸上競技	日本パラ陸上競技連盟	大阪府大阪市住吉区長居2-1-10　パークサイド長居106　06-6654-5367
ローリングバレーボール	兵庫県障害者スポーツ協会	兵庫県神戸市中央区下山手通5-10-1　078-362-3237

さくいん

あ

- アーチェリー … 6
- アイシェード … 21
- アイススレッジホッケー … 27
- アイスホッケー … 27
- IPC（アイピーシー） … 7
- アイマスク … 20、21
- アテネパラリンピック … 13、15、18
- アルペンスキー … 26
- ウィルチェアーラグビー … 12、13、28
- ウエイトリフティング … 19
- オリンピック … 6、14

か

- カーリング … 22、27
- ガイドランナー（伴走者） … 17
- 義手（ぎしゅ） … 15、17
- 義足（ぎそく） … 15、17
- キャスター … 29
- クラシファイヤー … 5
- クラス分け … 5、14、18
- 車いす … 6、7、9、10、12、13、15、16、25、27、28、29
- 車いすカーリング … 27
- 車いす卓球（たっきゅう） … 7
- 車いすツインバスケットボール … 11、23
- 車いすテニス … 13
- 車いすバスケットボール … 5、10、11、12、13、29
- 車いすフェンシング … 9
- 車いすマラソン … 16、28
- クロスカントリースキー … 26
- 係数（けいすう） … 26
- コーラー … 17、20
- ゴールボール … 21
- コントローラー … 23
- コンパウンドボウ … 6

さ

- サウンドテーブルテニス … 7、21
- サッカー … 23
- シッティングバレーボール … 4、24
- シットスキー … 26
- シドニーパラリンピック … 15
- 弱視（じゃくし） … 17、20、26
- ジャックボール … 22
- 柔道（じゅうどう） … 18
- 女子マラソン … 15
- 水泳（競技）（すいえい きょうぎ） … 4、8
- スティック … 27
- ストーク・マンデビル競技大会（きょうぎたいかい） … 6
- スレッジ … 27
- 晴眼（せいがん） … 20
- 全盲（ぜんもう） … 20
- ソウルパラリンピック … 18

た

- 卓球（たっきゅう） … 7、21
- タックル … 12
- タッピング … 4
- ダブルドリブル … 10
- 短距離（たんきょり） … 15、17
- チームスポーツ … 12
- チェアスキー … 26
- ディスクホイール … 28
- 電動車いす（でんどうくるま） … 13、23
- 電動車いすサッカー（でんどうくるま） … 23
- 投てき（とう） … 16、17
- トラベリング … 10

は

- バーベル … 19
- バイアスロン … 26
- 走り高跳び（はしたかと） … 15、17
- 走り幅跳び（はしはばと） … 15、17
- パラサイクリング … 5
- パラトライアスロン … 15
- パラリンピック … 6、7、13、14、15、18、19、21、22、24、26
- バリアフリー … 25
- バレーボール … 4、12、24、25
- パワーサッカー … 23
- パワーリフティング … 19
- ハンデ … 26
- ハンドサッカー … 25
- ハンドリム … 15、28
- バンパー … 28、29
- ピスト … 9
- ピック … 27
- フェンシング … 9
- フットサル … 20、23
- フットサポート … 13
- フットガード … 23
- ブラインドサッカー … 20
- ブラインドテニス … 21、25
- 北京パラリンピック（ペキン） … 5、8
- ベンチプレス … 19
- ポイント制度（せいど） … 5
- ボッチャ … 22

ま

- マーダーボール … 12
- 持ち点（もてん） … 5、10、11、12、27

ら

- ランプ … 22
- リオパラリンピック … 13、15、19
- リカーブボウ … 6
- 陸上（競技）（りくじょう きょうぎ） … 4、14
- リハビリテーション（リハビリ） … 4、19
- リレー競技（きょうぎ） … 4
- ルートヴィッヒ・グットマン … 6
- レーサー … 15、16、28
- ローリングバレーボール … 25

■ **監修／大熊廣明（おおくま ひろあき）**

1948年、千葉県生まれ。1972年東京教育大学体育学部卒業。1976年東京教育大学大学院体育学研究科修了。現在、筑波大学名誉教授。共編著に『体育・スポーツの近現代－歴史からの問いかけ』（不昧堂出版）、監修に『体育・スポーツ史にみる戦前と戦後』（道和書院）、「しらべよう！かんがえよう！オリンピック」、「調べよう！考えよう！ 選手をささえる人たち」シリーズ（ともにベースボール・マガジン社）、「もっと知りたい図鑑　サッカーパーフェクト図鑑」（ポプラ社）などがある。

■ **編さん／こどもくらぶ（二宮祐子）**

「こどもくらぶ」は、あそび・教育・福祉の分野で、こどもに関する書籍を企画・編集しているエヌ・アンド・エス企画編集室の愛称。図書館用書籍として、以下をはじめ、毎年5～10シリーズを企画・編集・DTP製作している。これまでの作品は1000タイトルを超す。
http://www.imajinsha.co.jp/

■ **企画・制作・デザイン**

株式会社エヌ・アンド・エス企画
佐藤道弘

■ **文・編集協力**

村上奈美

■ **写真提供**（敬称略、順不同）

東京新聞（P3、4、5、7、8、10、11、12、13、15、16、17、18、19、21、22、24、25、26、27、28、29）
東京都多摩障害者スポーツセンター（P21）
オーエックスエンジニアリング（P28、29）
日本アイスレッジホッケー協会（P27）
日本身体障害者アーチェリー連盟（P6）
日本車椅子ツインバスケットボール連盟（P11）
日本車いすフェンシング協会（P9）
日本電動車椅子サッカー協会（P23）
日本ハンドサッカー協会（P25）
日本ブラインドサッカー協会（P20）
日本ブラインドテニス連盟（P21）
兵庫県ローリングバレーボール連盟（P25）
アフロ（P3、8、13、15、17）
TOKYO METROPOLITAN GOVERNMENT（P2）

■ **表紙写真**

ロイター／アフロ

この本の情報は、2016年12月までに調べたものです。
今後変更になる可能性がありますので、ご承承ください。

大きな写真でよくわかる
障がい者スポーツ大百科❷ いろいろな競技を見てみよう

初　版　第1刷　2017年1月25日

監　修　大熊廣明
編さん　こどもくらぶ
発　行　株式会社 六耀社
　　　　〒136-0082 東京都江東区新木場 2-2-1
　　　　電話　03-5569-5491　FAX　03-5569-5824
発行人　圖師尚幸
印刷所　シナノ書籍印刷株式会社

©Kodomo kurabu　NDC780　280×215mm　32P　ISBN978-4-89737-884-8　Printed in Japan

落丁・乱丁本は、購入書店名を明記の上、小社営業部宛にお送りください。送料小社負担にて、お取り替えいたします。